Durant l'hiver arctique, l'ours polaire et le grizzly habitent très loin l'un de l'autre. Mais pendant l'été, alors qu'ils sont en quête de nourriture, il arrive que ces ours se retrouvent dans la même région.

P9-ASJ-920

Que se passerait-il s'ils se rencontraient? Et s'ils se battaient? D'après toi, qui gagnerait?

NOM SCIENTIFIQUE DE L'OURS POLAIRE : *Ursus maritimus*

Voici l'ours polaire. Il est considéré comme un mammifère marin. Il passe la majeure partie de son temps sur les mers glacées et préfère vivre en bordure de la banquise. Il est le plus gros de tous les ours.

FAIT AMUSANT
On ne trouve pas d'ours polaires en Antarctique.

À RETENIR
Ours polaires = pôle Nord
Manchots = pôle Sud
Il n'y a pas de manchots en Arctique.

4

QUI VA GAGNER?

L'OURS POLAIRE

OU

LE GRIZZLY?

JERRY PALLOTTA

ILLUSTRATIONS DE
ROB BOLSTER

TEXTE FRANÇAIS D'ISABELLE FORTIN

SCHOLASTIC

L'éditeur aimerait remercier les personnes et les organisations suivantes
d'avoir aimablement accepté qu'on utilise leurs photos dans ce livre :

Page 14 : © John Warden/AlaskaStock.com; page 15 : © Gunther Matschke/AlaskaStock.com;
page 20 : © gracieuseté de Dave Newbury/faculté d'anatomie/université de Bristol; page 21 :
© gracieuseté du Cooper Landing Museum; page 22 : © Sue Flood/Getty Images; page 23 :
© Michio Hoshino/Minden Pictures.

Merci à mes assistants à la recherche, Olivia Packenham et Will Harney.
Merci aussi à l'auteure Shelley Gill pour ses nombreuses histoires sur les ours.
— *J.P.*

Merci à Luke, mon « ours qui court ».
— *R.B.*

Catalogage avant publication de Bibliothèque et Archives Canada

Pallotta, Jerry
[Polar bear vs. grizzly bear. Français]
L'ours polaire ou le grizzly? / Jerry Pallotta ; illustrations de Rob Bolster ;
texte français d'Isabelle Fortin.

(Qui va gagner?)
Traduction de: Polar bear vs. grizzly bear.
ISBN 978-1-4431-7409-1 (couverture souple)

1. Ours blanc--Ouvrages pour la jeunesse. 2. Grizzly--Ouvrages pour la
jeunesse. I. Bolster, Rob, illustrateur II. Titre. III. Titre: Polar bear vs. grizzly
bear. Français. IV. Collection: Qui va gagner?

QL737.C27P3214 2019   j599.786   C2018-904530-2

Copyright © Jerry Pallotta, 2010, pour le texte anglais.
Copyright © Rob Bolster, 2010, pour les illustrations.
Copyright © Éditions Scholastic, 2019, pour le texte français.
Tous droits réservés.

L'éditeur n'exerce aucun contrôle sur les sites Web de tiers et de l'auteur,
et ne saurait être tenu responsable de leur contenu.

Il est interdit de reproduire, d'enregistrer ou de diffuser, en tout ou en partie, le présent ouvrage par
quelque procédé que ce soit, électronique, mécanique, photographique, sonore, magnétique ou autre, sans
avoir obtenu au préalable l'autorisation écrite de l'éditeur. Pour toute information concernant les droits,
s'adresser à Scholastic Inc., Permissions Department, 557 Broadway, New York, NY 10012, É.-U.

Édition publiée par les Éditions Scholastic, 604, rue King Ouest, Toronto (Ontario) M5V 1E1.

5 4 3 2 1   Imprimé au Canada 119   19 20 21 22 23

Conception graphique : Rob Bolster

NOM SCIENTIFIQUE DU GRIZZLY :
Ursus arctos horribilis

Voici le grizzly. Il fait partie des mammifères terrestres.
On le reconnaît grâce à la grosse bosse entre ses épaules.
Il s'agit en fait d'un muscle qu'il utilise pour creuser.

LE SAVAIS-TU?

*On ne trouve pas de grizzlys
dans l'hémisphère Sud.*

Désolé, ours noir. Tu ne fais pas partie de ce livre, car tu n'es pas aussi puissant et féroce que le grizzly et l'ours polaire.

FAIT INTÉRESSANT

Au cours d'un voyage de chasse, le président américain Teddy Roosevelt a refusé d'abattre un vieil ours. On a fait beaucoup de blagues à son sujet dans les journaux, et à partir de ce moment-là, les oursons en peluche ont été nommés « teddy bears » en anglais.

FAIT AMUSANT

À leur naissance, les petits de l'ours noir ont à peine la taille d'un écureuil.

Oublie ça, panda géant. Tu es un herbivore et tu ne fais donc pas le poids devant un ours polaire ou un grizzly.

La fourrure de l'ours polaire est blanche. Elle lui permet de se fondre dans son environnement composé de neige et de glace.

FAIT AMUSANT
L'ours polaire a la peau noire.

FOURRURE BLANCHE

LES NOMS DE L'OURS POLAIRE
On l'appelle aussi « ours blanc », « ours marin » ou « nanuq » (en inuktitut).

LE SAVAIS-TU?
La fourrure de l'ours polaire est en fait translucide, c'est-à-dire qu'elle est presque transparente et laisse passer la lumière.

Le poil du grizzly peut être de quatre couleurs :
brun, brun foncé, brun-roux ou blond.

FAIT AMUSANT

*L'extrémité des poils
du grizzly a souvent
une teinte grise, d'où
son nom.*

BRUN
FONCÉ

BRUN

BRUN-ROUX

BLOND

Ces couleurs permettent au grizzly de se fondre dans
son environnement composé de feuilles mortes, de terre,
de rochers et d'arbres.

TRÈS, TRÈS GRAND

3 MÈTRES

1 MÈT

LE SAVAIS-TU?

L'ours polaire est un superprédateur. Cela signifie qu'il n'a pas d'ennemis naturels.

FAIT INTÉRESSANT

L'ours polaire peut se dresser sur ses pattes arrière.

L'ours polaire est le plus grand prédateur terrestre.
Il peut mesurer jusqu'à 3 mètres. Voici de quoi aurait
l'air un élève de maternelle à ses côtés.

10

TRÈS GRAND

2,5 MÈTRES

,5 TRE

FAIT AMUSANT

Le grizzly peut également se tenir debout sur ses pattes arrière.

Le grizzly peut mesurer jusqu'à 2,5 mètres. Il est donc beaucoup plus grand qu'un humain.

La patte de l'ours polaire adulte est plus grande que ce livre.

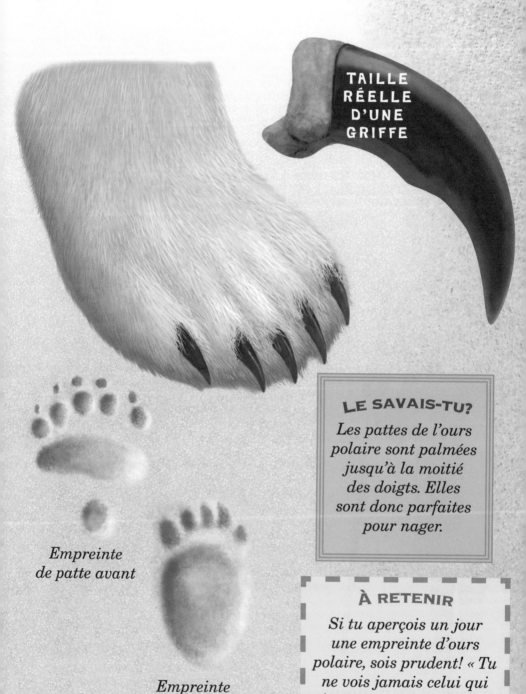

TAILLE RÉELLE D'UNE GRIFFE

Empreinte de patte avant

Empreinte de patte arrière

LE SAVAIS-TU?

Les pattes de l'ours polaire sont palmées jusqu'à la moitié des doigts. Elles sont donc parfaites pour nager.

À RETENIR

Si tu aperçois un jour une empreinte d'ours polaire, sois prudent! « Tu ne vois jamais celui qui t'attrape », selon certains autochtones de l'Alaska.

Voici une empreinte de grizzly. Les griffes de ses pattes avant peuvent mesurer jusqu'à 10 centimètres de long.

TAILLE RÉELLE D'UNE GRIFFE

Empreinte de patte avant

FAIT TRANCHANT

Les humains ont des ongles au bout de leurs doigts et de leurs orteils. Les ours, eux, ont cinq longues griffes acérées au bout de chacune de leurs pattes.

Empreinte de patte arrière

L'ours polaire est un excellent nageur. Il peut nager sur une distance de plus de 80 kilomètres d'une seule traite.

Il mange principalement des animaux aquatiques : morses, phoques, lions de mer et poissons. Les phoques sont son aliment préféré.

FAIT AMUSANT

L'ours polaire nage un peu comme le ferait un chien.

LE SAVAIS-TU?

AU SECOURS! L'ours polaire peut manger des humains. Mais cela se produit très rarement, car peu de gens vivent à proximité de son territoire.

Le grizzly est un bon nageur, mais il préfère marcher dans les rivières pour attraper des poissons. S'il trouve le bon endroit, un saumon en migration pourrait bien lui sauter directement dans la gueule.

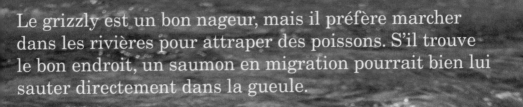

FAIT INTÉRESSANT

Le grizzly mange des saumons, des truites, des pommes, de petits fruits, du miel et tout ce qu'il peut se mettre sous la patte. On sait aussi qu'il mange parfois des orignaux, des wapitis, des caribous, des rongeurs, des moutons, des larves et des palourdes.

FAIT DÉSAGRÉABLE
Chaque année, quelques personnes se font dévorer par des grizzlys.

Ouvre grand la bouche! L'ours polaire a des dents de carnivore : des canines à l'avant et d'immenses molaires à l'arrière.

FAIT ÉTONNANT
L'ours polaire peut sentir l'odeur d'un phoque à travers une couche de glace d'un mètre d'épaisseur.

À RETENIR
Un carnivore est un être vivant qui se nourrit de viande.

Les dents du grizzly sont semblables à celles de l'ours polaire.

L'odorat du grizzly est si développé qu'il peut détecter un animal mort à plus de 15 kilomètres de distance.

L'ours polaire peut courir à une vitesse de 40 kilomètres à l'heure. Il est donc beaucoup plus rapide que l'homme. Il parvient même à rattraper certains caribous!

Alors, si un ours polaire et un grizzly se battaient, d'après toi, qui gagnerait?

Même si le grizzly a l'air plutôt lent, il ne faut pas se tromper : cet animal peut facilement rattraper un homme. Il court très vite!

MAXIMUM
55

LE SAVAIS-TU?

Sur la terre ferme, le grizzly est plus rapide que l'ours polaire. Mais c'est probablement l'inverse sur la glace.

Voici le squelette d'un ours polaire.

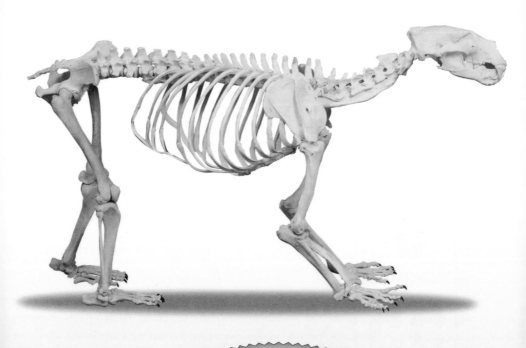

FAIT ÉTRANGE

*Tous les ours polaires
sont gauchers.*

FAIT INTÉRESSANT

*Originaire d'Asie, l'ours malais
ne mesure qu'environ 1,5 mètre,
soit la moitié de la taille de
l'ours polaire.*

Le squelette de l'ours est assez semblable à celui de
l'être humain : quatre membres, dix doigts, dix orteils,
un bassin, une colonne vertébrale, des côtes, un cou et
une tête.

Voici le squelette complet d'un grizzly.

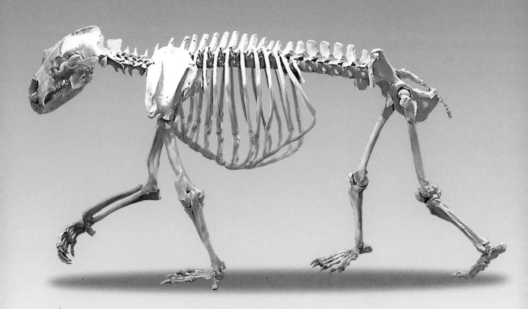

TRISTE FAIT
Le grizzly mexicain a tellement été chassé que cette espèce a disparu.

FAIT INTÉRESSANT

Des scientifiques ont étudié l'ADN des ours et sont arrivés à la conclusion que l'ours polaire et le grizzly descendent du même animal. Ils se sont tous deux adaptés différemment à leur environnement. L'ours polaire préfère la mer, alors que le grizzly vit sur terre. Seul un ostéologue, un spécialiste de l'étude des os, peut distinguer les os de ces deux animaux.

L'ours polaire est un animal solitaire. Il se bat
rarement avec ses semblables et a même tendance
à les éviter.

Le grizzly vit également en solitaire. Mais il pêche parfois avec d'autres grizzlys durant la période de migration des saumons.

L'ours polaire mâle n'hiberne pas. Il passe normalement tout l'hiver à chercher de la nourriture. Il creuse parfois un abri dans la neige pour se reposer lors de grosses tempêtes.

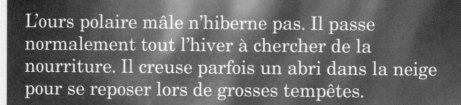

TANIÈRE DANS LA NEIGE

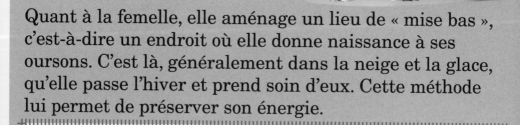

Quant à la femelle, elle aménage un lieu de « mise bas », c'est-à-dire un endroit où elle donne naissance à ses oursons. C'est là, généralement dans la neige et la glace, qu'elle passe l'hiver et prend soin d'eux. Cette méthode lui permet de préserver son énergie.

LE SAVAIS-TU?

Quand un animal hiberne, il passe dans un état d'inactivité : son rythme cardiaque ralentit, il cesse de manger et de boire, et sa température corporelle diminue.

TANIÈRE DANS
LE ROC

Juste avant l'hiver, le grizzly mange autant que possible afin d'engraisser en prévision de son long sommeil. En hiver, il dort profondément, mais n'entre pas tout à fait en hibernation. À tout moment, il pourrait se réveiller et attaquer quelqu'un. Au printemps, le grizzly est affamé. Tu dois alors être très prudent!

Un jour, un sous-marin nucléaire de la marine américaine a fait surface dans la glace arctique, et s'est retrouvé nez à nez avec des ours polaires plutôt curieux!

L'ours polaire fait parfois la sieste dans d'étranges positions.

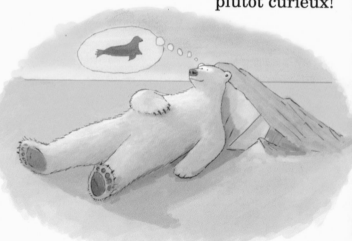

Un photographe célèbre avait patienté pendant des jours afin de prendre une bonne photo d'un ours polaire. Alors qu'il dînait dans sa camionnette, il a eu toute une surprise en regardant dans le rétroviseur.

Une fois, un habitant de l'Alaska est rentré chez lui et a découvert un grizzly en train de se détendre dans son spa.

Un marin qui avait jeté l'ancre dans un port de l'Alaska a été réveillé par un bruit. Il a alors aperçu un grizzly qui se promenait sur son bateau. Effrayé, il a réussi à repousser l'ours avec une rame.

Un jour, un touriste a attiré un grizzly dans sa voiture à l'aide d'un hamburger au fromage. L'homme imprudent voulait prendre une photo de l'ours en compagnie de son épouse. Mais la femme s'est mise à hurler, et l'ours confus s'est sauvé.

C'est l'été.

Un ours polaire descend de la banquise et s'avance sur une plage. Un grizzly sort de la forêt.

Leurs regards se croisent. L'un comme l'autre peut sentir l'odeur de son adversaire. Ils restent immobiles et s'observent. Puis le combat commence : le grizzly fonce sur l'ours polaire en grognant et en montrant les dents.

L'ours polaire se dresse sur ses pattes arrière et lève ses pattes avant, prêt à se battre. Le grizzly, dans son élan, renverse son adversaire.

L'ours polaire se relève immédiatement et attaque à son tour. Paf! Il frappe le grizzly à la tête. Aïe! Les deux ours échangent des coups de griffe et se mordent. La bataille est féroce.

Les deux animaux luttent, chacun cherchant à avoir le dessus sur l'autre.

Ils culbutent sur la plage et deviennent vite couverts de sable et de boue.

Le grizzly est infatigable et poursuit le combat!

Soudain, l'ours polaire n'a plus envie de se battre. À quoi bon lutter jusqu'à la mort? Il décide de s'éloigner.

Le grizzly a gagné. Mais il souffre et est épuisé. Il espère ne jamais recroiser d'ours polaire. Ces deux animaux sont très semblables : la prochaine fois, le résultat pourrait être bien différent!

QUI AURAIT L'AVANTAGE?

COMPARAISON

OURS POLAIRE   **GRIZZLY**

OURS POLAIRE		GRIZZLY
☐	Taille	☐
☐	Griffes	☐
☐	Techniques de chasse	☐
☐	Dents	☐
☐	Odorat	☐
☐	Vitesse	☐
☐	Famille	☐
☐	Hibernation	☐